LIBRO DE LOS PAPELES PERDIDOS DE TAMAR DE CÓRDOBA

LIBRO DE LOS PAPELES PERDIDOS DE TAMAR DE CÓRDOBA

Rosana de Aza

MAHALTA
EDICIONES

COLECCIÓN
ADIVINOS

Noticia del hallazgo

El jueves 11 de agosto de 2011 se reanudaron en Córdoba las excavaciones en el solar contiguo a la sinagoga de la Calle de los Judíos. Apenas iniciados los trabajos, tras arrancar los matojos crecidos durante los meses de abandono, al tirar de unas raíces que habían ahondado con inusual fortaleza, salió, pegado a ellas, un trozo de ladrillo del muro sur, colindante con lo que fuera lugar de culto y reunión de los hebreos que habitaron el barrio. El hueco formado dejó ver la silueta de una hornacina, quizá una gueniza. Tras el ir y venir de los técnicos, operarios y arqueólogos, las pertinentes fotos y las pertinentes consultas, se procedió a su apertura. Esta especie de alacenilla —pues su tamaño total no era mucho mayor del medio metro de ancha por otro tanto de alta— cobijaba en su interior, aparte de unas cuantas salamanquesas que se refugiaban de la calorina, una especie de arquilla o cofre que casi daba la anchura del hueco, pero no alcanzaba ni la mitad de su altura.

Ya puedes imaginar, lector, el desconcierto. En pleno verano andaluz, ausentes las autoridades, de vacaciones la mayor parte de expertos a consultar, con el puente por delante..., con la sesera de la mayoría torrada por las insoportables noches que siguen a los insoportables días de los insoportables veranos de Córdoba... Y sin embargo algo habría que hacer. Iniciar las consultas, sin duda.

Y mira que mira por dónde, debido a mi pasión por los estudios de la Córdoba medieval, musulmana y judía —y la verdad sea dicha, porque tampoco tenía un duro para ir a ninguna parte—, allí estaba yo, en una biblioteca cercana, libre a tiempo completo. Así que alguien se acordó de mí, y como debí parecerles lo suficientemente experta —entre los que se habían quedado resistiendo los ahogos— decidieron dejarme durante 24 horas, lo que dura un maqam completo de música andalusí, la arqueta con su contenido para que lo examinase. Y para que diera mi opinión. Cuanto antes, me dijeron, y cuanto más documentada mejor; y, si puede ser, para mañana.

Los arqueólogos retiraron el lacre y yo me llevé el cofre a casa. Me puse guantes de algodón inmaculado, según avisa el protocolo para estos casos. Fui extendiendo con parsimonia, depositados sobre una superficie libre de ácidos, todos y cada uno de los objetos que parecían haberse cobijado allí durante bastante tiempo. Hice entonces las fotos.

El interior del cofre nos legaba un valioso material, del que supongo que a partir de ahora comenzarán a realizarse estudios detallados y rigurosos que evidencien el valor real del hallazgo. Por mi parte, os adelanto el inventario de su contenido.

Se distinguían seis pergaminos escritos en árabe y treinta y ocho textos (de los que uno, a lo que semeja, es una receta de cocina) cuyo soporte es el papel medieval, de excelente textura, como el que se elaboraba en Xátiva. Documentos que fui transcribiendo y titulando, al tiempo que hacía referencia a alguna característica de su contenido.

También un tesorillo consistente en un dinar de oro, tres dirhams de plata redondos, uno cuadrado y un felú: de difícil lectura todos, lo que me proporcionó varias horas de angustia ya que las frases exhalaban no ya doble, sino triple y hasta cuádruple sentido. Solo cuando ya amanecía logré decantarme por una de las versiones, desechando otras posibles.

El arconcillo también nos obsequió con lo que parecían ser ocho epitafios grabados sobre un papel medieval de textura todavía más gruesa. El transcribirlos me dio mucho trabajo, y me dio, además, mucha tristeza.

Siete palimpsestos se revelaron entre el material. Estaban escritos sobre cientos de borrones, manchas y tachaduras varias. Escritos sobre trozos de escrituras notariales, con trozos de papel moderno adicionados, que iban cosidos o pegados. Se entremezclaban en ellos palabras en árabe o en hebreo, en castellano moderno o en antiguo... y hasta en inglés. Menos mal que eran siete, si hubieran sido más... igual los hubiera quemado directamente antes de que ellos hicieran lo propio conmigo.

La última parte del material estudiado está constituida por 21 textos (veintiún poemas) escritos en su mayoría en tinta morada, aunque alguno hay elaborado con tinta negra. Para mi sorpresa —y supongo que para la vuestra— están escritos en lenguaje actual, en román paladino del bueno, de 2011. Su soporte es el papel moderno, del que sabemos que está blanqueado con cloro. Hay hojas de libretas con los bigotes de haber sido arrancadas de sus anillas, y algunos otros escritos sobre servilletas de bar o, a lo que parece, de taberna de vulgar estofa.

Para completar la sorpresa, había también un teléfono móvil nokiafácil, que mío no era, ni de ninguno de los arqueólogos, ni veo probable en absoluto que perteneciera a Mansur o Tamar... en fin.

Esta es mi relación. No niego que pueda haber otras.

Nota: En un fragmento de pergamino y en otro de papel de Xátiva aparece repetido en grafía árabe y hebrea el texto "Libro de Tamar". Por tal razón, ahora, cuando al fin me decido a hacer público aquel hallazgo, y pese a no creer que tenga relación alguna con el contenido, al aparecer dos veces y en dos lenguas, lo elegí como título del compendio.

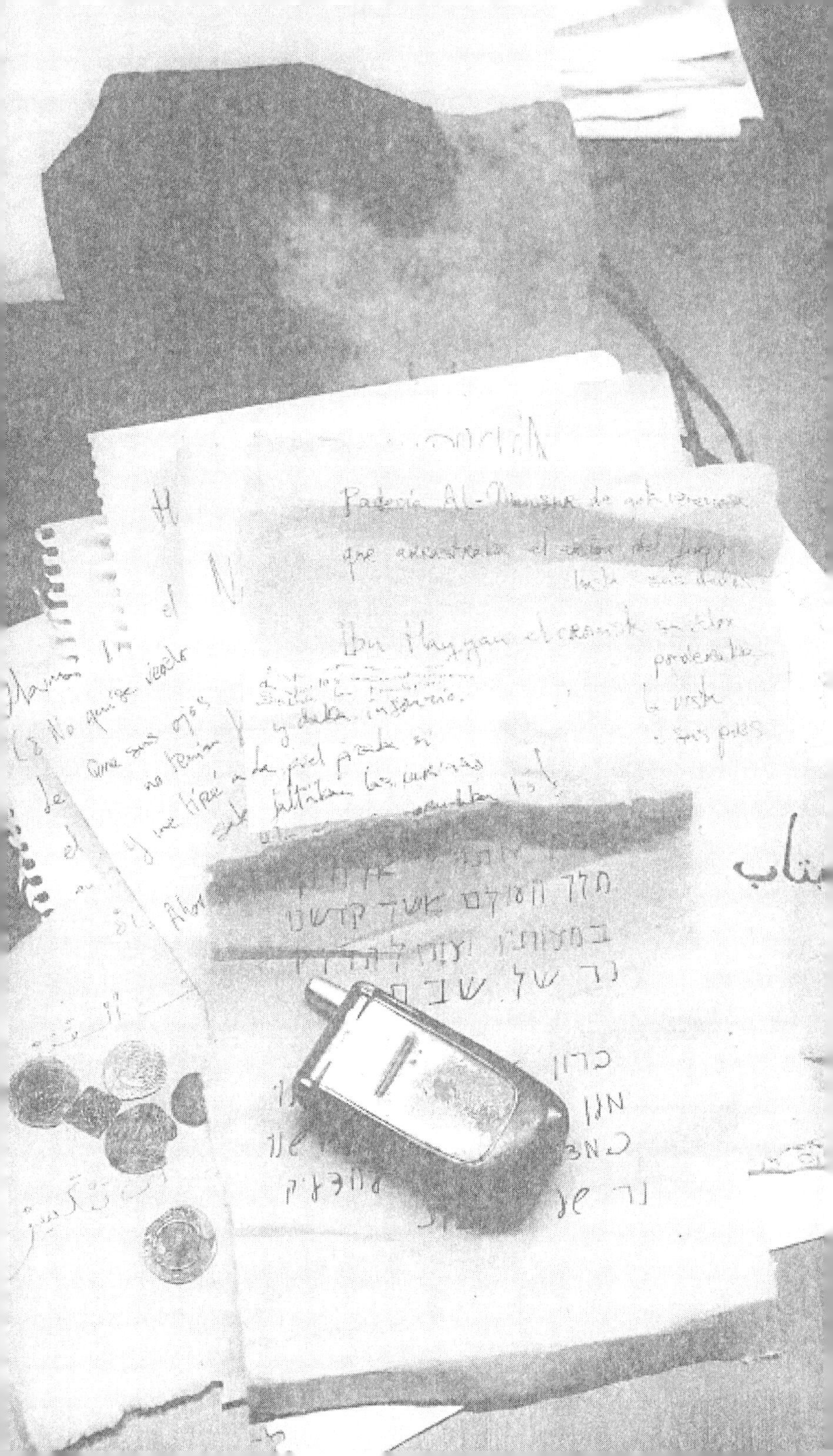

Pergaminos

El valor

Padecía Al-Mansur de gota venenosa
que arrastraba el ardor del fuego hasta sus dedos.
Ibn Hayyan, el cronista,
su valor ponderaba refiriendo
cómo no retiraba la vista de sus pies
cuando el docto Ibn-Idari aplicaba el cauterio.

Sin poseer ejércitos ni esclavos
ni haber ganado un ápice de tierra
para el honor de Al-Ándalus,
tampoco yo desplazo
de Nazum mis ojos
cada vez que atraviesa las ramas de la almunia
demandado tus besos y ciñendo el ardor de tu cintura.

Obsequios

Hice tallar, como noble,
la urna de marfil que contuviera
el bálsamo de rosas fragantes y artemisias
que tu dolor calmaran.

Como princesa omeya, te regalé el esmero
del artesano que el marfil hollaba
briznas de espuma derramadas por la aurora.

Te ofrecí, como docta, los desvelos del médico
que destiló la esencia, en la medida exacta,
del sulfur y del aurum.

Y te obsequié también,
como solo lo hace una amante verdadera,
con las mejores manos,
aquellas de Tamar,
para que te aplicasen el remedio.

La línea

Aguzo mi mirada hasta la línea polvorienta del desierto.
A veces parece desfilar
por ella ansiada caravana de camellos y dátiles.
A veces parece atomizarse el polvo simulando la nada.

Aguzo mi mirada, fina como una lanza,
y contemplo, entre brumas, tan solo el horizonte.

Desde el mismo lugar,
        desde los mismos ojos,
                desde la misma hora.

Así puede mirarse a cualquiera de nosotros,
descifrando,
                en la misma ojeada,
lo mismo su razón que su locura.

HABLA NAWAR, LA TRADUCTORA

Puedo leer en pergaminos
el arameo,
captar acrósticos,
desvelar trabalenguas y acertijos,
descifrar el aljamiado de los conversos.

Me diste preceptores, padre, y de Al-Ándalus
los mejores maestros.

Puedo leer el árabe y el sánscrito
y los ojos de los que tienen miedo.

Puedo leer la voz del agua.
       Su corazón no puedo.

Desvarío

Loca me dicen todos
cuando me ven bailar de noche la sed de tu deseo.

Mas cuando llega el alba,
y en él persisto,
hasta los crueles censores me respetan diciendo:
ella siente un amor que ya traspasa
las estrellas, la noche y las constelaciones,
la violencia del alba, la desnudez del día.

Tamar, Tamar, Tamar...
mereces compensarte del santo desvarío,
no solo con la sábana que cubre sus ardores,
sino con el sudario que lo lleve hasta el cielo.

Amenaza

El ardor de las pasiones
en poco tiempo incinera hasta sus propias raíces.

El espejismo engañoso del amor
mente y sentidos por igual confunde.

Pero, ¡ay!, pienso, mientras
recojo un ramillete de jazmines y de su perfume gozo...

¡Líbrate amigo de la intensidad
y la perfección de los antojos, pues nada
son mujer u hombre
                    a merced de un capricho!

Papel de Xátiva

La llegada

Ya llegaste Zeinab con tu sonrisa,
y con tu cuello alado y tu porte de gacela,
a demostrar cuánto Ibn Zaydun te ama...

Y te hace degustar las rosas confitadas del Egypto
empapadas de humus
en el cetrino plato de su propio vientre.

El deseo

Dijiste, Mersum, que el amor que sentías por mí
te llevaría a vaciar el Uad-el-Kebir
con un cuenco hecho de tus propias manos.

Quita, Mersum, el vocablo amor de estas cuestiones
para que nada empañe la pureza y la fuerza
de nuestro carnal deseo.

Admiración

No presumas, Malika, de despertar pasiones.

Al final todas se afilan como puntas de alfanje
y todas encuentran para hendirse
un corazón incauto.

Incansable

Mi desprecio hacia Nazum es ya tan grande
que escupiría sin descanso por donde ella pisa
hasta caer exhausta.
Cocería hojas de melisa,
traduciría a Dioscórides,
enjugaría la fiebre a los enfermos
de los maristanes,
robaría arcos lobulados
de la mismísima mezquita,
arrearía bestias al mercado,
azofaría aguas,
expendería paños de alcanfor
en la Casa de Baños
hasta caer exhausta...

y todo ello porque a Nazum no amo.

La soledad

La soledad te daba
        patadas en la boca.

Clavaba sus sandalias
        de cuero de caballo
ungido de betunes
        que traían de Siria.

El hedor del curtido
        mostraba su desprecio
al oro que exhibían
        tus fisuras de nieve.

GRANADAS

Ábrete para mí, Nazum,
como lo hacen las granadas
a finales de octubre...

y dame,
además de noticias de Zaydun,
el jugo dulce de tus entrañas rojas.

GACELA

Hermosa es la gacela por su esbelto cuello
y delicadas formas,

por el color de su pelaje, que espolvorean
la canela y las brumas de la aurora,

por la misteriosa alheña
que rodea sus ojos.

Pareciéndose tanto a los tuyos, amado,
¿qué decir de sus ojos?

Atardecer

Me rodean las cumbres
　　　y no me comprenden
　　　　　los vientos del verano.

Solo el sol moribundo
　　　acoge en su regazo
　　　　　mi tristeza viajera.

Prodigio

En las mañanas caprichosas
puede fundirse la nieve de la noche
y volver a caer sobre las hojas
si unos rayos de sol con fuerza la traspasan.

En las noches perfumadas,
en un mismo latido,
mi corazón podría
aborrecerte y amarte
solo con que el recuerdo de tus ojos
le atravesara el pálpito...

Señal

Las mentiras disfrutan
    de unas patas muy cortas
        o quizás de ningunas,
            como las serpientes.

Su paso es sigiloso,
    pero su curvada huella,
        para quien bien las conoce,
          honda y perceptible.

La música I

Contemplo
tus ojos, Bilal, y siento escalofríos
presintiendo el tiempo
en que dejarán de sonreírme.

Escucho
las notas del laúd que tocas
sabiendo que algún día
dejarán de conmoverme.

Pero quien no tiene miedo
                es que nada posee.

La música II

Percutiendo panderos y adufes,
desgranando retahílas junto al río...

así intentaban las cantoras de Córdoba
expulsar a los demonios del viento
que arrasó las cosechas.

Ojalá que el amor se exorcizase
con qasidas y metáforas.

Puertas de Córdoba

Siete puertas hendían la muralla de Córdoba.

La de tu mirada.

La de mi entrega.

Y cinco más para el olvido.

Murallas I

Mis sueños merodean
por las afueras de Córdoba.

Sus murallas, como tus ojos,
recelan de mi llegada.

MURALLAS II

Quiero, a través del sexo,
y tú no entiendes,
contarte lo que hay detrás de las murallas.

Llevarte hacia lo lejos.
Lograr que transfigures.
Hacer que reconozcas.

Poseerte, sí.
Tenerte.
Hendirte.

Tornarme yo de opaca en transparente.

Pero ser, además, tu eterna cómplice,
la que, intensa, intenta comprenderte.

Amigo amable

Tenía un rosal trepador,
un jazmín y alguna acacia;
él los plantó
bajo la excusa de no poder vivir
sin sus influjos.

Usaba la encaramadora planta
para tocar las verdades de los sueños,
el porfiado perfume de jazmines
para atraer el consuelo del olvido;
el arbusto sosegaba sombras
(les quitaba la mitad del miedo).

Me confesó, bajo la luz de las biznagas,
que no necesitaba el roble del olivo
ni su férreo color de subsistencia.
Le bastaba saber que yo existía.

(Ningún halago propio de varón
llegó a mi entraña como su cumplido ajeno...).

EL PEOR ENEMIGO

Busco a mis enemigos;
la daga de la sinrazón
de frente.

Busco a mis enemigos;
en la calleja oscura
o el desolado adarve.

Busco a mis enemigos;
horadando en el suelo
el peligro de mi solitaria sombra.

DESVELOS

Mis enemigos
ven mi rostro avieso dibujado
en cada muro de cal de la medina.

Mis enemigos pasean
con deleite en parihuelas
mi cadáver perfumado de almizcles.

Cada vez que se asoman al río
no tienen ojos más que para imaginar
mi cuerpo abotargado flotando sobre el agua.

¿Cómo no agradecerles sus desvelos?

Acierto

Porque no admiro en ti
varoniles verdades,
expeles que me gustan las damas.

Mientras pienso, me sonrío,
aseverándome
lo bien que hice en no querer
distancias cortas
con tu lengua.

Tan embustera y débil
como lo es de lejos,
embustera y flácida
será de cerca...

PÓCIMAS

Muerto quedó Nabil el verano pasado
por mordedura de ponzoñosa víbora.
En *El libro de los venenos*
buscaron los doctores
el antídoto que lo volvió a la vida.

No debió parecerle
suficiente desgracia,
pues antes del otoño estaba
tendido sin conciencia en la taberna
(por grave mordedura
de una frasca de vino).

Círculo

Hay gentes que se sienten mejor si ciñen un anillo.

No un anillo de supuesto amor
              ni desposorios.

(Nadie que ame de verdad a otro lo señala).

No un estigma.

Un anular metal al que ceñirse.
       Un asidero.
           Un broquel.
              Una parábola
(del círculo vicioso de la vida).

ESTREMECIMIENTO

El cielo me sobrecoge.

Mientras contaba las estrellas de la noche,
insolente,
se ha aparecido el día.

EXTINCIÓN

Puse en agua las rosas
que me envió Jatib.

De inmediato supieron
que iba a prolongarse
su agonía.

Lágrimas

Zubeida muestra sus ojos perfumados
siempre en lágrimas...

¿Pero cuáles contienen el sahumerio
de la tristeza
y cuáles la fragancia
de la dicha?

DIFERENTES BATALLAS

El cuerpo de Said está cosido
de cicatrices y alforzas,
pero su corazón se duele
de mayores desgarros.

¡Y, por Dios, que intentó defenderse!

Duplicado

Mi pecho dolorido hizo una llaga
por la que mi corazón
cayó hasta el suelo,
mas no llegué a morir,
puesto que en mí tenía la réplica del tuyo.

Aquel que me ayudaron a robar
la fuerza de mi amor,
las brumas de la noche.

EXTEMPORÁNEOS

Singulares y extraños
los frutos de la tierra fuera de temporada.

Como son admirables
los corazones que aman a destiempo.

Extraña misiva

Me enviaste, Wallada, un billete de aviso
con Yamila, la embozada,
largos años después
de tu antigua presencia.

Enturbiado se encuentra por causa de la lluvia,
y no puedo saber
si demandas de mí un último beso
o que construya contigo la cuna de tus nietos.

Preferencias

La gloria quiso Zaydun
ganarse con sus versos
y hacer quedar su fama
en la boca de todos.

Musa ha preferido en cambio
ganarse con sus labios
la voluntad de los corazones,
       la lealtad de los silencios.

IDENTIDAD

Dentro de Umm Hayyan, la matrona
que ha parido ocho hijos,
la que luce una ajorca
en su tobillo generoso,
habita una hurí de talle fino
        y delicados ojos.

¿Pero quién sabrá verlo?

Consejo

No invites a sentarse a tu mesa
a nadie que se llame inteligencia
si contradicción no se apellida
y duda se sobrenombra.

Mujer de ojos grandes

El corazón de Qasmuna albergaba escondidos
arcos y dovelas,
y una sensualidad privilegiada,
con escalinatas
y pasadizos.

De nadie se sabe en Córdoba
que transitara por ellos,
pero el jardín trasero de su hermosa casa
cancela tiene
a la Puerta del Osario.

Los ojos grandes de Qasmuna
liberaban su cerrojo en el menguante
al acercarse el mercader de sedas.

PROPIEDADES DE HAFSA

A Berenice, sin duda

Era Hafsa, la granadina, ahora cordobesa,
propietaria de una larga cabellera negra
y una almunia junto al río.

Ambas brillaban al anochecer.

La primera maravillaba a sus amantes,
la segunda a toda Córdoba.

ÁRBOL SINGULAR

El árbol de la paciencia es amargo,
sus negras ramas crecen hacia el cielo.

Su textura es hostil.
Secas sus yemas.

Mas si consigues alcanzar su fruto,
ninguno en todo Al-Ándalus se te abrirá tan dulce.

Esclavitud I

Los esclavos arrastran,
con extremo cuidado,
los fardos de sus amos
que en barca llegan hasta el río,
librándolos del lodo.

Y tú, Karima, arrastras con cautela
el desamor de Faruq
hasta dejarlo fuera
        del ojo
                avizor
                        de la maledicencia.

Esclavitud II

Los astrónomos miran,
llegado el día,
la posición del Sol,
la luz y las estrellas.

Lo geólogos miran,
llegado el día,
la densidad de la tierra,
su color, sus proporciones.

Pero, ¡ay!, Zeynab, no bien te despertaste
de tu inquieto sueño,
imaginas cómo reflejarán la luz
        los ojos de tu amado

y cómo elevará su olor,
empapada la tierra,
al recibir la bendición de sus pisadas.

Esclavitud III

Hoy se ciernen las nubes
sobre el cielo de Al-Ándalus.

Si lloviera,
el agua no sería libre,
pues caería
en donde la dejase el viento.

Naranjas

Aixa bint Al-Yahud, judía de Valencia, es vendida como esclava. Llevada a Córdoba, el gobernador Yahya-al Muftadi se enamora perdidamente de ella. Aixa lo rechaza diciéndole:

> Aunque fuesen tus besos perfumados
> como el pétalo fresco de las rosas
> y tus brazos de amante
> más ardientes que el vino,
> mi corazón no tiene ojos
> más que para el dulce fruto
> de los jardines de Levante.

Yahya, desesperado, mandó traer cien carros de naranjas para decorar jardines y estanques con ellas... y lograr así, con su color, el corazón de Aixa. Hizo venir desde Granada a un cocinero experto en caprichos y delicias. Desde allí también, grandes trozos de hielo que se guardaban en cuevas y pozos.

Zatiq, el cocinero, ideó para Aixa el elixir. Pidió una jarra de zumo de naranja, otra de agua manantial, media libra de miel (o de azúcar de caña), piel rayada de dos o tres naranjas, dos claras de huevo de gallina, una pizca de sal, un recuerdo de canela.

Puso el agua y la miel a calentar, fuego lento, y al poco le añadió la rayadura. Dejó enfriar antes de añadir el zumo de las naranjas, la sal y la canela. Batiendo,

mezcló todo con ímpetu hasta dejarlo diluido y homo-
géneo, como si hubieran de ocultarse los restos de
un desengaño. Batió entonces las claras y las añadió.
A hora de servir, lo refrescó con nieve de los pozos y
decoró el recipiente con hierbabuena. En la bandeja,
ofreció como adorno una flor de azahar.

Cuando Aixa acercó el líquido a sus labios
Yahya se soñó la pócima dorada.

Monedas y epitafios

DINAR DE ORO

(anverso)

Habla el que reza:

Cinco veces al día a Alá le rezo.
Y como poco me parece,
pues bien engordan mis carneros,
paren mis cabras
y marchan —de aceite, vino y sedas— mis negocios,
añado rezos hasta llegar a siete,
y, aún, me parecen pocos.

(reverso)

Habla el que no reza:

Cinco veces al día lavo a enfermos,
otras cuatro enjaezo y cargo bestias,
y sonrío a tullidos y leprosos.
Labro tierras y acompaño a ancianos
que ya ajenos están a su memoria.
Dreno aguas sucias. Barro hiel, quito despojos...
y cuando rendido caigo, sin rezar siquiera,
pienso que Alá, con todo, es generoso.

Dirham de plata I

(anverso)

Hoy se ciernen las nubes
sobre el cielo de Al-Ándalus.

Si lloviera,
las flores de naranjo, ya maltrechas, tejerían
para nosotros una alfombra perfumada.

(reverso)

Hoy se ciernen las nubes
sobre el cielo de Al-Ándalus.

Si lloviera,
el agua borraría de mi rostro
el calor de la tarde
                    y el fuego de mis lágrimas.

Dirham de plata II

(anverso)

Paga con este dinar.

(reverso)

(Con tu razón ya pagaste).

Dirham de plata III

(anverso)

Entrégame a las manos del avaro
(que siempre querrá más).

(reverso)

Como de tu corazón,
tu amada.

Dirham de plata cuadrado

(anverso)

Ponme en la mano del esclavo
que compre los encargos
que su señor le hizo.

(reverso)

Ponme en la mano del señor
para que pague
la libertad de sus esclavos.
Aunque precio no tiene
la esclavitud ni la ignominia.

FELÚ

(anverso)

¿Cuántas mentiras se vierten, Firuz,
a causa del exceso de vino?

(reverso)

¿Cuántas verdades se ocultan, Rafiq,
a causa de la carencia de vino?

Epitafios

I *(del juez)*

Pasé mi vida impartiendo justicia
que jamás resarcía al ofendido
ni al malvado penaba suficiente.

Quiero morir regalando
(afecto, libertad y flores)
a quien no lo merece.

II

Se acabó la vida.
        Con todas sus hambres.

III

Que no te falte sed
cuando haya agua.

IV *(habla la vida)*

Sin remisión a mí te aferras.

Como se aferra la memoria
al final del invierno.

V

Intenté medirme con la luz
y alcancé la estatura de las sombras.

VI *(del prócer)*

Hermosa, por encima de las otras,
aquí se alza mi tumba.

Igual mi oscuridad. Igual mi humo.

VII

La eternidad no se alcanza con la gloria.

Se escribe con el agua.

VIII *(del enamorado)*

Ahí serví al amor. Aquí sirvo a la vida.

De mí se nutren los gusanos
y las raíces de las rosas.

Palimpsestos

Jardín y medina

En el jardín de la medina
me pediste, Nasim, que yo no comparara
la efigie de tu cuerpo
con las formas de Jatib o de Zaydun.

¿Para qué comparar la luz de las camelias
con el agua, silente, de las rosas?

Las brumas jimmyhendrix de la noche
con los serenos cantos de la aurora.

¿Para qué comparar la sed de la cicuta
con la flor, inefable, del olvido?

BAUDELAIRE

Porque la vida con su soga aprieta
hacia la norma burda
y el precavido canon.

Porque la vida con su daga empuja
a la podrida acequia
y la venerable lápida.

Por Eros.
         Por Saitán.
                 Por Dionisos.
Es necesario embriagarse.

De vino.
        De poesía.
                O de amor.

Arquitectura

Arco lobulado, dintel, columna, alféizar...
Capitel nazarí, neones del macdonald,
cartel del multicines...
Por todos ellos deambuló mi vista
mientras en ti pensaba.

Sótano, azotea, patio, pasadizo,
acequia mineral, parking municipal de pago...
Por todos ellos trasegó mi cuerpo
anhelando olvidarte.

Para Amy

Para Amy Winehouse, muerta 101 veces

Habías muerto ya más de cien veces.
Conseguiste quemarte con el humo
de tu propia cosecha.
Muerta en el escenario, achicharrada viva,
con el público de tu soledad sediento.
Muerta en el arrabal de la Córdoba omeya
con tu sudario blanco.

Dicen que te mordió el alcohol,
como a Zaydun el vino
su gloria empozoñaba...
Que te mordió el veneno
del desamor y de los tóxicos.
De las noches de rock, neones y pastillas.

Llamabas a Cupido a gritos
(sin querer molestarlo).
Le pedías que te diera
el mejor de los vinos
en vez de un buen amado.

Yo sé que te mordió la soledad
porque en todos los vasos leías sus ojos.
Yo sé que te mordió la soledad
porque en todas las manos leías su tacto...

Yo sé que te mordió la vida.

POÉTICA

Escribo poemas que pinchan con tinta que escuece.
Escribo porque quiero; me lo pide una voz
     atrincherada en el bolsillo...,

mas no podría hacerlo si fuera analfabeta,
     ni si fuera un minero retorcido de cansancio,
     hollinado en el pozo de la explotación y la miseria...

y no podría hacerlo si fuera un campesino
tumbado por el hambre...

si fuera una estudiante quinceañera
violentada por el poderoso,
     si fuera una mujer indefensa de la India,
     marcada por el queroseno avariento del esposo...

si fuera un soldado mercenario e ignorante
que conociera solamente de las letras
para nombrar sus torturas y sus armas.

Escribo pues poseo un cofre de palabras
fresco como la yerba
en la que puede uno revolcarse,

     venenoso como el áspid amado de Cleopatra.

Mujer

Subida a los altares es tu sitio;
      tal alta como quieras,
            etérea y purísima.

Bajada a los arroyos es tu hueco;
      tan hondo como puedas,
            corpórea y putísima.

Etérea en pedestales.
      Egerias en estudios.
            Hetairas en espasmos.

Te borran de la Historia con un silencio impune.

Te echan del poema con tropos destemplados.

                  (Y el infierno...¡es unisex!).

REALIDAD

Este mundo está lleno de guerras y hospitales,
    de vertederos y quirófanos,
        de mafias y centrales nucleares.

Este mundo está lleno de despensas vacías,
de cárceles repletas,
    de gentes sin agua,
        de cerebros sin savia.

De chanchullos, de sicarios,
de carniceros de Rostov, de violadores del metro...

De fragmentos de monedas por las que seríamos,
sin duda, pateados y vendidos.

Este mundo está lleno de verdugos y camuñas,
del horror de Ciudad Juárez,
de telas que lo mismo son la moda
    que un sudario.

Toda nuestra medida tierra está cosida
de cunetas y tiros en la espalda,
    de traidores y soplones,
        de trepas y de cortesanos...

Toda nuestra profusa arquitectura
está regida
por una sola ley
que le calcula la estructura

cifrada de cimientos arqueológicos
de lo que fueron burdeles
y mercados de esclavos.

Todo nuestro planeta azul
está podrido de venganzas verdes.

Papel blanqueado con cloro

LOS DÍAS COMO HOY

En días como hoy se queda corto
llamar azul al generoso
                          azul del cielo.
En días como hoy duele la mano
si se mata una mosca.

Los días como hoy son días dadivosos
para mirar, azul, el mar
y azul, ya te lo he dicho, el cielo.

No mires el pasado.
              No mires el futuro.
No leas el periódico.
              No te mires tú dentro.

Los días como hoy son días indulgencia.

Difícil de entender
que en días como hoy
se puedan cometer asesinatos y desfalcos.

Decid a los ladrones,
decid a los crueles,
que hay días como hoy

en los que todo puede perdonarse.

LA SILLA

Para Olinto, que me vio poner la silla.

Ella lo mira con dulzura a él.
Y yo la miro con curiosidad a ella.

Los dos son viejos. Los dos son altos.
Los dos tienen que haber pasado ya
numerosos disgustos
de los que ofrece la vida en sus catálogos.

Me piden que les deje
entrar, si no molestan,
en el alma andaluza de este patio.
El hombre, muy discreto,
amable, enjuto, de rasgos bien asiáticos,
parece dibujante,
pues ella solicita algún boceto rápido.

Mejor si es de las flores y los arcos...

Yo le ofrezco una silla
y una ruda carpeta que sustente los trazos.

Cuando la mano y carboncillo cesan
me muestran el dibujo,
la mujer con orgullo, el hombre con recato.

No es guapo, ella me dice,
no es joven (ya lo veo).
Y me señala el corazón y la cabeza.

Y se sonríe mucho,
y la luz se le enciende
en sus azules ojos.

No sé si conocen desde ayer
o si se conocieron hace años.
El dibujo era bueno.
Y bueno era también
lo que traían entre manos.

Dejé la silla allí, por varios días,
hasta que las lluvias comenzaron.

Dejé la silla allí, sin causa alguna.

Para poder mirarla de reojo.

Por amor al amor.

UNA VIDA, UN INVENTARIO

Anda, acércate a mí
y deja que te tome de la mano,
a ver si puedo, con la otra
construirte este poema.

Sin dejar de mirarte.

No quiero ahora cesar en tu contacto.
Quiero decírtelo al oído.
   Soplándote en el hombro.
    Sorbiendo tu calor.
     Notando tus pelillos.

Quiero decírtelo en el filo de tus ojos.

Cuánto dolor hicimos.
   Cuánta vida.
     Nuestros hijos.

Cuánta esperanza muerta.
Cuántos amigos muertos.
Cuánta traición.
Cuántos ojos abiertos.
Cuántos ojos velados.
Cuántas noches en vela.
Cuánto aprendizaje.

Cuánto escarmiento.

En cuántas hipotecas nos metimos,
y en cuántas, también, camisas de once varas.

Cuántos ladridos a la luna
y cuántas tarascadas a la muerte,
y eso que jamás tuvimos perro
        ni tuvimos gato.
Y eso que jamás nos dimos tregua.

Y eso que jamás nos dimos
        abrazos,
            ni besos
                ni paciencia suficientes.

Soberbios por igual.
Igual, los dos, rebeldes.

Nos dábamos la lista de la compra,
la hora del dentista
y la seguridad de estar.
        (Aunque fuera callados,
            dormidos,
                inútiles al otro,
                    al margen
                        o decididamente en contra).

Como si siempre hubiera sido así
y así hubiera de serlo para siempre.

Hacíamos proyectos y jugadas importantes.
Tiempo ya habría para cosas pequeñas.
Tiempo también para aquello de los besos...

Acércate aún más,
        que no voy a soltarte;
ya estás viendo que me voy arreglando
        y con una sola mano escribo.

Acércate y mírame sin miedo,
que no voy a escupirte venenos ni reproches.

Yo tampoco fui libre.
        (Que muy poco se sabe de la vida
        cuando se es demasiado joven,
        y menos aún cuando pasan los años).

Yo tampoco soy santa.
        (A veces entrené
        para llegar a ser la mejor tiradora
        y acertarte en la frente).

Yo tampoco seré feliz.
        (Si quiero ver algún camino largo
        debo mirar atrás,
        y se pasó en dos días,
        y se acabó bien pronto,
        aunque durara treinta y cuatro años).

Acércate si puedes todavía
y déjame la cara sobre el hombro.

Quiero pasar la mano por tu pelo
para intentar arrancarte del olvido.

OFELIA

No quise verlo.
Que sus ojos no tenían fondo.
Y me tiré a sabiendas.

Ahora soy una ahogada hermosa.
Por amor.
        Como Ofelia.

EFECTOS SECUNDARIOS

Este era un amor de efectos secundarios.
Subía la tensión y daba insomnio.
La piel picaba
si faltaban las caricias.

Los ojos se agrandaban.
La boca se ponía en *on* de beso.

Te daba el baile de sanvito
y la pena de sancarlosgardel.
Te daba taquicardia...
y por llamarlo a medianoche.

No debiste tomarlo sin receta.

PRESENCIA EN SOLEDAD

He venido a tu casa (a tu escondite)
a servirte en bandeja este poema.
A que no te saliera tan barato
este olvido con piel de sabandija.

A obligarte a ser de nuevo un hombre
y hacer que reventaras ese NO
        (que guardas para mí y es para siempre).

Que perpetraras un NO como diosmanda
        (hundiéndolo en mis ojos y en mis manos).

Para que me dejaras ciega.

        (Desde que no te acaricio ya soy manca).

TRAMA

Tú me hiciste vivir a todo corazón
y a buen salto de mata.
Al filo de la trocha.

Mi destino, una huida.
Mi corazón, un quinqui.

Yo me inventé este amor,
el guion era tuyo.

El mar se puso azul
o lo pintamos.

Los rostros, transparentes,
casi pasan el casting.

Hermoso
con palabras, con fondos de postales
que *daban* en pantalla.

Falso
como un divorcio
por temas de conciencia.

Pero ni tú eras alto
ni yo rubia

para venderlo a Hollywood.

AGUACERO

Para Carmelo Sánchez Muros,
por si llueve en Persépolis.

Salí, qué duda cabe,
como siempre se sale
      de un aguacero intenso.

Con el pelo mojado
y gotas en la cara,
con la promesa que esta vez
será la última
que te pilla la lluvia...
y que la lluvia te empapa.

Que te vapulea una tormenta
vulgar y previsible.
Que los pies te estornudan.

Salí, qué duda cabe,
con la incredulidad de comprobar
el cómo la humedad reinaba todo.

Todo.
      Menos mi corazón reseco.

DESMEMORIA

Ellas se posaron en tus hombros.
Queriendo conferirles
serenidad y el vuelo de los pájaros.

Sé que no recordarás mis manos.

Él quiso posarse en tu cintura
y ceñir el alarido de los cielos.

Sé que no recordarás mi pelo.

Ella traspasó las alambradas de tus ojos
cegados de tristeza (¿de dureza?)
y de matojos...
y es que quiso otorgarte
la eternidad de los placeres y la calma.

Sé que no recordarás mi alma.

DUNAS

Para Isabel Eberhardt

Bendigo tus ojos y tus manos
y que me dejaras
    en medio
        del desierto
            sola.

Ahora soy la única
        dueña
        de las dunas.

Ahora no se me resiste un espejismo.

EL MEJOR MOMENTO

Eres misterioso.
Desprovisto de vulgares ropas
        (pues todas son vulgares),
admiro la belleza de tu cuello,
admiro la belleza de tus hombros.
Lamo, directamente, la belleza de tu torso.
Admiro tu cintura y tus caderas.
Celebro las verdades de tus piernas,
de tus arrugas y tus canas.

El amor te dio un curso,
el desamor un máster.

Eres perfecto ahora
para quien sepa, bien, mirarte.

La plenitud de tu hermosura:
sabes lo que hay que dar, sabes lo que hay que darte...

Conoces los mejunjes, conoces los brebajes.

Eres perfecto ahora. En el momento justo.

Al borde.
        De la vejez
                y del desastre.

CREACIÓN

Inventa de verdad un beso.

Uno que se pose entre los labios
               y pueda cincelarlos.

Uno que no sepa de medidas prefijadas.

Uno que los ofrezca frente a frente.

En versión original, sin traducciones.

Uno que se construya en la verdad del tiempo.

Sin vencedores ni vencidos.

LECCIÓN MAGISTRAL

Yo no era más que unos ojos
ensayando una forma de amar.

Yo no era más que materia
aprendiendo una forma de ser.

Se suspendieron las lecciones.

Yo no era más que una aprendiza,
tú el dueño de la pizarra,
de los conceptos y las tizas.

Yo, en verdad, prometía.

Pagar la matrícula.
Quedarme hecha trizas.

Anotación imprescindible

Tú me dejaste sedienta
     y malparada
(ese es el verdadero nombre de las cosas).

Tú me llevaste de la mano al mar
y luego lo escondiste.

Reivindico
un registro civil de las tristezas.

ALTA LA LUZ

Para Manuel Ángel Vázquez Medel

Alta la luz, la noche se disipa.

En el último respiro de la sombra,
contengo, por frenarla, mi suspiro.

Yo prometí, a la luz del día,
entregarte a las manos del olvido.

Maldigo este intercambio de rehenes.

Fe ciega

Creo en él y en él me desenvuelvo,
con él me desayuno y, aunque no lo creáis,
cada día me levanto.

En él pierdo los bolsos y los taxis.
Él es mi carta de naturaleza,
mi retrato robot
y el traje a la medida.

Me tunea los sueños.
Me raciona las lágrimas.
Me ciñe y se me adapta como un panty.

Se esconde el muy taimado en las macetas
para llevarse su ración de abono
y su ración de agua.
Se conoce su carta de derechos.
La entrada principal y el vericueto.
Se cuela por gateras y rendijas
y no habrá quien lo eche.

Creo en él, pues ya lo he visto muy de cerca,
ya me ha mordido en los ojos otras veces.

No es la primera vez que me amenaza
ni que somos socios,
ni que le saldo la cuenta.

No es primera vez que intento sobornarlo
o secuestrarlo
ni la primera vez que le hago trampa.

Conozco cada uno de sus pasos.

Yo espero su despiste y él mi reincidencia.

De verdad que creo en él
(porque no falla
                el hijoputa).

Creo en el desamor a pies juntillas.

Quédate con su cara.
        Y no busques culpables.

ORDEN INAMOVIBLE

Me pides que te avise antes.
A ser posible con bastante tiempo.

Reservar.
        Programar.
                Organizar.
Las horas. Las miradas. Los viajes.

Ensartar cada bola en su hilo.
Cada sentimiento en su cajeta.
Preservarlo todo como delicado encaje.

No sé vivir si no es en vilo.
No echo a correr si no es sin meta.
No sé sentir sin ser salvaje.

Imperdonable olvido

He cerrado los grifos.
 Bajado las persianas.
  Apagado las luces.

Desconectado el horno.
 Echado las tres llaves.

Pero no estoy tranquila.

  Me dejé el corazón en la nevera.

Y no sé si volver.

Daños

Me duelen las manos de soñar que te toco.

Me duelen los ojos de verte en otras caras.

Me duelen los pies de pensar que te sigo.

Me duele la nuca de sentir que me miras.

Me duelen los labios de inventar que me quieres.

Reprimenda

Me he llamado a capítulo.

Que basta de pamemas, tía.
Que no puedo seguir buscándote en las noches.

Porque siempre amanece.
Porque iguales son todas las bocas y todas las resacas.

Que no puedo seguir drenando el ritmo de la música.
El de todas las músicas.

Ya me he dicho mil veces que no existes.
He limpiado la casa. He ordenado el armario.
Pero no he podido limpiarme de recuerdos.
Pero no he podido ordenarme los olvidos.

Al final he conciliado el sueño.
Un certero reposo subrepticio.

Como si tú me abrazaras.

Perfecto anfitrión

Me prestaste una silla junto al fuego.
Me dejaste la llave de tu casa.

Me preguntabas ¿has comido? a todas horas.
Me diste un bonobús completo.
Y, con todas las varillas, si llovía, un paraguas.

Dejaste entrar a una perfecta excusa.
Le diste pan a una perfecta farsa.

Me abrazaste. Me mentiste. Me abrasaste.
Te dije adiós. Te dije gracias.

Como no pude volar, salí corriendo.

Tal vez en tu salón hay unas alas.

Bonus track

GRATITUDES Y DEVOCIONES

A Concha, sí, Rodríguez de la Calle
y al editor que llaman Pacocaro
debe este libro luz y debe amparo
para nacer con mimo y con detalle.

Publica, me dijeron, que no encalle
cuanto vienes guardando, no es tan raro,
atrévete y exhibe con descaro
lo que escribió Tamar: deja que estalle.

Aquí agradezco a Reyes, Paca y Ana,
Carmelo y Manuel Ángel los afectos.
A Eduardo y Rubén: ¡Venga, Rosana!

Remedios y Miguel y Juan (conmigo)
sosteniendo mis versos imperfectos.

Y a los que sin nombrar tanto bendigo.

Índice

Esta edición quedó dispuesta para la tinta
en agosto de 2024,
buscaban las tórtolas el agua.